Daniel Klein

Von Unsinn bis Tiefsinn oder Sein und (Un-)Sinn

Gedichte

Impressum

Bibliografische Information der Deutschen Nationalbibliothek:
Die Deutsche Nationalbibliothek verzeichnet diese Publikation in der
Deutschen Nationalbibliografie; detaillierte bibliografische Daten sind im
Internet über http://dnb.dnb.de abrufbar.

Herstellung und Verlag: BoD – Books on Demand, Norderstedt

ISBN: 978-3-7526-2244-7

9 VORWORTE

Die Frage des Seins
ist die Antwort des Nichtseins

INHALT

BUNDESWEHR (2001)

Schlamm und Regen!
Bewegen auf Abwegen!
Nicht wissen, weswegen!
Regeln pflegen!
Bloß nicht dagegen!
Sinnloses hegen!
Dienstschluss: ein Segen!

Wirres Bestreben!
An Irrsinn kleben!
Gefangenes Leben!
Nichts daneben!
Innerlich beben!
Niemals erheben!
Bundeswehr eben!

DER WEG (2007)

Sind wir aus Zufall geboren?
Gibt es einen tieferen Sinn?
Das Leben ist ein Wunder
jeder hat seinen eigenen Weg
einzigartig und ohne Vergleich
du selbst mittendrin
der Weg ist manchmal steinig
windet und quält sich dahin
manchmal Labyrinth
doch er führt immer weiter
ein Ausweg fehlt nicht
es gibt Täler und Berge
viel Schönheit zu sehn
zahlreiche Kreuzungen
oft Alternativen
manchmal auch zurück
du selbst hast die Wahl
so viele Etappen
der Weg als ein Ziel
manch ein Abschnitt ist Pflicht
doch den Kurs bestimmst du
ohne Regen kein Leben
ohne Schatten kein Licht
auch der Regen gibt
bis die Sonne dann scheint
eine Blume am Wegesrand
kann schöner sein
als viele Kilometer gerannt
das Kleeblatt ist klein
braucht Zeit zum Entdecken

das Glück zu entfalten
es gibt vieles zu sehn
du bist auf dem Weg nicht allein
lass es deinen Weg sein.

AUSLAUFENDER GEIST (2007)

Die Wunde klafft, es brennt, ich darbe, mein Geist läuft aus…

EI DER DAUS (2007)

Ei der Daus,
Geruch der Hölle,
Johanneskraut,
Garaus!
Schwefelfieber,
Plexiglas,
geballte Kälte,
Schnee auf Gras!
Des Teufels Küche,
brodelnd emsig,
ohne Gnade,
fürchterlich!
Lichterblitze,
Kohlenbrot,
Faust des Bösen,
Fiebertod!
Des Teufels Mantel,
leuchtend Schwarz,
Geruch nach Feuer,
Edelquarz!
Ein Hauch von Mitleid,
ohne Trauer,
dunkle Schleier,
Nebelschauer!
Rote Hörner,
spießig spitz,
Seelentöter,
scharfer Schlitz!
Eisig Wasser,
tropft auf Stein,

ohne Gnade,
falscher Schein!
Windes Fratze,
götzenarm,
tötet Träume,
herzenslahm!
Das Leben endet,
jeden Tag,
weite Flügel,
Sinnesfrag!
Alles endet,
ewiggleich,
niemals ewig,
fragenbleich!

SCHIMMERGLANZ (2008)

Des Tages Nacht anbrechet hell,
im Schimmerglanz der Herzen,
ein dunkles Zweifeln scheinet hell,
bereitet wahre Schmerzen.
Ohne all der Worte Sinn,
so gibt es immer Helfen,
die wahre Freude scheinet tief,
inmitten deiner Herzen!

GREIS IM STEIN (2008)

Im tiefsten Steine haust ein Greis,
hat Gras in seinen Händen,
er dreht und wendet sich und es,
es droht ihm zu entschwinden.
So denkt er könnte mancher Stein,
manch stumme Wahrheit schreien,
die Seele, Herz, Kopf, Hand und Fuß,
es droht ihm zu entzweien.
Die Sichel endet hier und dort,
ist halb doch hat zwei Enden,
ist einmal scharf und einmal stumpf,
sticht Gras in seinen Händen!

SINN UND UNSINN (2008)

Der Rosen Sinn ist Liebe,
des Knüppels Sinn sind Hiebe,
der Löcher Sinn sind Siebe,
der Tauben Sinn ist Friede!
Des Dichters Sinn ist Unsinn,
das ist der Gleichung Unding!

MÖHRE IM STURM (2008)

Eine Möhre stand im Sturm,
doch der Wind blies sie nicht um,
da dachte sich die Möhre stumm,
der Wind ist dumm!

Die Möhre ließ sich einen blasen,
mitten auf dem Rasen,
da dachte sich der Wind,
da mach ich mit geschwind!

Der Mäher war ein Spielverderber,
er machte Wind und Möhre Ärger,
einmal schnipp und einmal schnapp,
da war die Möhre ab!

Ende der Geschichte

ROT-WEIß (2008)

Rotes Sofa, weiße Streifen,
Blutstropfen, heißer Reifen!
Weißes Sofa, rote Streifen,
Teergeschmack, Weibsgekeifen!

Kaminfeuer lodert rot im Luder,
schminkt Rotes weiß mit weißem Puder,
verschleiert Grau mit schwachem Schein,
benebelt alles Weltensein!

Ü B E R L E B E N (2 0 0 8)

Im Nebel steht ein schwarzer Mann,
umhaucht von Rauch und denkt daran,
wie die Gazell in der Savanne,
den Durst sich löscht und ihm wird bange,
ob die Gazell verdursten wird,
ihr hager Bein getrocknet wird.
Doch dann, so denkt der schwarze Mann,
schleicht er sich an Gazell heran,
zerfleischet sie mit seinen Zähnen,
verdaut sie nun in den Gedärmen,
doch dann erst wird ihm wahr bewusst,
dass er doch grad im Nebel haust.
Alsbald trifft ihn die Depression,
er wähnte sich im Dschungel schon,
doch anstatt dessen, angefressen,
wird ihn der Regen ganz durchnässen.
Es bleibt die Frag, die alles wringt,
den Nebel und die Sonn bestimmt,
ob wohl Gazelle oder Mann,
jetzt leben oder sterben kann.
Der Kampf ist zäh, er fordert Glieder,
schlussendlich lassen beid Gefieder,
und in der größten aller Not,
da sind zum Schluss dann beide tot.
So endet die Geschicht vom Mann,
dem die Gazell im Nebel kam,
und die Moral von der Geschicht:
beide überleben nicht!

WISSENSCHAFTSETHIK (2009)

Die Wissenschaft der Mandarine
ist äußerst ethisch angehaucht
es gleicht dem Akt der Guillotine
pflückt man sie weg von ihrem Strauch.

Wenn man sie schält und presst und schneidet
reißt man ihr fast die Seele raus
vom Geiste innen ausgeweidet
tropft blutend nun ihr Saft heraus.

Im Munde wird sie weggekaut
die Fetzen sind moralisch klein
und wenn sie schließlich ist verdaut
so wird sie nie mehr ethisch sein.

Die Wissenschaft von der Banane
ist viel komplexer als gedacht
betrachtet man nur ihre Schale
hat sich das Gelb in ihr vermacht.

Doch innen ist des Pudels Kern
die Schale blendet allzu oft
denn innen liegt das Grundbegehren
worauf man stets beim Schälen hofft.

Entfernte Schale zeigt das Wahre
zeigt Fäule oder Fruchtfleischpracht
entscheidet für Bananenbahre
oder ob Festschmaus angebracht.

DAMPF (2009)

Dampf verdampft,
die Luft, die lüftet,
man erstickt, wenn sich die Kluft nicht klüftet...
Der Ausschnitt schneidet,
schneidet Schneisen in die Luft,
gepaart mit Sprüchen von den Weisen!

ZEITENWENDE (2009)

Ich wanke in Demut dahin,
ohne jeglichen Sinn,
sind die Beine mir schwer,
wank ich mutig daher.

Zieh mein Schwert aus der Schürze,
tu´s mit all möglicher Würze,
blinkt die Klink in der Sonne,
in mir wohlige Wonne.

Schon sticht es ins Fleisch,
ob´s zum Innersten reicht,
ist die dringlichste Frage,
ist Gewicht auf der Waage.

Totenluft zieht durch das Fenster,
in mir grausige Gespenster,
spuken sinnlos dahin,
künden Satans Beginn.

In eisiger Gedankenschlucht,
unergründbar tiefer Bucht,
so wimmert es in mir,
schwimmt furchtbares Fiestier.

Gedankenblaue Hysterie,
Sinn in allem gibt es nie,
und tief im Dreck,
ist alles weg.

So ist das Ende,
Zeitenwende,
ist aller Sinn,
im Nu dahin.

3 (2 0 0 9)

Drug, fuck, kack!
Hart, Schädel, dröhn!
Trink, friss, stirb!
Leb, sterb, sei!
Kugel, Blitz, Blei!
Worte, Stöhnen, 3!

CHAOS (2009)

Im donnerroten Zorn des Regens,
hallt gleichsam schwach Verachtung mit,
in wutentbrannten klaren Tropfen,
erbebt und zittert jedes Glied.

In tosenden Gedankesstürmen,
nimmt die Zerstörung ihren Lauf,
in meterhohen Wellentürmen,
baut sich das Chaos mächtig auf.

In blutgetränkten Wassermassen,
erstickt der Hoffnung brennend Keim,
im letzten großen Aderlassen,
verschwimmt und endet alles Sein.

FREIHEIT (2009)

Blaue Muschel, zeig mir den Weg!
Wenn ihr mich sucht, ich liege im Stadtwald...
Flieg Falke, flieg!
Der Vogel der Freiheit stirbt zuletzt.
Des Pudels Kern liegt in Wahrheit verborgen für immer...
Erzengel mit goldenen Flügeln!
Geht mit der Freiheit auch das Verlangen zugrunde?
Im Grunde bleiben die Gründe im Dunkeln...
Und ohne Zweifel ist Zweifel vertan.
Gute Nacht und wer weiß?
Vielleicht bis gleich...

V E N U S (2 0 1 0)

Und blinket in gleißender Sonne,
blank und erhaben die Brust,
so ist es im Auge des Mannes,
die größtmöglich wallende Lust.

Und zeichnet in glänzender Seide,
die Venus sich sachte nur ab,
so ginge das starke Geschlechte,
mit sehendem Auge ins Grab.

Und duftet die weibliche Blöße,
und schimmert das goldene Haar,
so ist ohne jeglichen Zweifel,
das Gliede in größter Gefahr.

L U Z I F E R (2 0 1 2)

In ungemein schauriger Tiefe,
wächst langsam das Böse heran,
einzellig multipler Genese,
im Auge von Luzifers Plan.
Dornröschens Schlaf nie erwachet,
so pflanzet das Unheil sich fort,
in Schönheit ersterbender Muße,
Tentakeln im ewigen Wort.
Maestro komm spiel deine Lieder,
das Böse durchdringst du doch nicht,
komm spiel sie mit würdiger Miene,
wenn das Böse die Erde zerbricht.
So möge die Ewigkeit walten,
in Eintracht waltet sie nie,
egal was die Zeit auch hervorbringt,
nur der Teufel birgt wahres Genie.
Die Erde zerbreche in Großmut,
zerschalle in Saus und in Braus,
das Nichts und das Chaos wird siegen,
bricht erbärmlich die Schande heraus.
So sterbe und würge du Wahnsinn,
übergib dich der Zeit und der Macht,
jubilierender Schwachsinn des Geistes,
du stirbst in der dunkelsten Nacht.
So sei es, so ist es, so war es,
die dunkle Seite ist da,
sie war es, sie ist es, sie sei hier,
der Albtraum der Menschheit ist nah.
Und wenn einst der Geist wird erwachen,
in Schönheit, in Würde und Glanz,

dann ist es zu spät und zu Ende,
die Menschheit stirbt dumm, sie stirbt ganz!

BADEHOSE (2013)

Wenn kühles Nass
astralgeformte Körper trifft,
wenn Badespaß
aus jeder Körperpore sifft,
dann geht dies nackt
und das ist gut,
doch auch bedeckt
erfrischt die Flut.
Ob Pool, ob See, ob Fluss, ob Meer,
ob süß, ob salzig - everywhere,
überall ist stets geboten,
wenn du dich schämst:
bedeck die Hoden!
Ein Badeschlüpfer kann da helfen,
ist erste Wahl bei dem Problem,
drum packt sie ein, die Badebuxe,
im Sommer ist sie gern gesehn.

G R A U (2 0 1 3)

Ein weiser Mann spricht leise aus,
was dummer Mann nicht weiß,
die Farbe Weiß scheint weiß im Licht,
im Dunkeln ist sie grau.
Was sagt uns das, fragt weiser Mann,
wenn weiß im Lichte scheint?
Es sagt womöglich, dass im Grau,
das Weiße dunkler scheint.
So liegt ein Schatten auch dem Licht,
zugrunde wesensgleich,
und wenn im Dunklen Weißes ist,
so ist dies einerlei.
Im Schatten scheint auch helles Licht,
so manches Mal gedimmt,
drum frage sich der weise Mann,
ob weiß auch weis bestimmt!?
Wenn weiß meint weis, ist Dunkel dumm?
So einfach ist das nicht!
Denn Dunkel mag so manches Mal,
sein heller als das Licht.
Zu guter Letzt, das sei gesagt,
ist hell und dunkel eins,
und wenn du dies nicht glauben magst,
so schau dir an das Grau!
Das Grau ist wahr, ich sage dir,
das Grau ist engelsgleich,
das Grau ist immer wahr und echt,
dies ist und bleibt gerecht!

FUNKTURM (2014)

Funkturm in wohliger Nacht,
leuchtet auf Lichter herab,
steht einsam und kühl,
standfest und schwül,
im Dickicht der Stadt,
im Nebel der Nacht,
als Fixpunkt der Hoffnung,
als Startpunkt der Gleichung,
von unten und oben,
seltsam verschoben,
im Einklang der Hoffnung,
mit wohliger Brise,
als Festung verblieben,
dem Funken verschrieben,
der die Nacht erhellt,
und Leben erhält.

EIERKRAULEN (2014)

Ein Mann kratzt sich die Eier,
doch was tut Frau?
Dies tiefsitzend Bedürfnis,
kann manchmal quälend sein,
das weiß der Mann genau,
doch eine Frage bleibt:
was tut die Frau?
Der Mann langt kräftig zu,
das bleibt der Frau verwehrt,
der Mann krault sich die Eier,
die Frau schaut traurig zu.
Die Kränkung trifft sie tief,
dies mag erklären dass,
sie oftmals neidisch ist,
und sich im Stillen fragt:
Ach könnt ich doch,
vielleicht eventuell,
und wenn auch nur einmal,
und wär es reinste Qual,
die Eierstöcke kraulen,
oh ja, wie wär das bloß?
Sie denkt, es sei famos!
Doch praktisch zeigt sich dann:
Eierkraulen kann nur der Mann!

D E R   F U C H S (2 0 1 5)

Ein Fuchs war weise,
denn er sprach leise,
betonte sachte,
was er da dachte,
bedachte heiser,
und stets noch leiser,
was er vermochte,
von Herzen mochte.
Der Fuchs war listig,
oftmals auch biestig,
so dass er heckte,
manch Unheil deckte,
und Schlimmes brachte,
sobald er lachte,
die Welt in Unmut,
und Trümmern liegend –
der Fuchs war fliegend!

BETRÜGER IN GRÜN (2015)

Oh Waldmann, du Wicht
im Wald lebst du nicht
Betrüger in Grün
bislang mit Fortune
doch bald fliegst du auf
dann endet dein Lauf
bald wirst du enttarnt
ich hab dich gewarnt
doch du hörtest nicht
bist halt nur ein Wicht
so wird man dich hängen
zu Jubelchorklängen
so endest du dann
du kleiner Waldmann!

WELTRAUMSTÄUBE (2015)

Bier, Kehle, Staub
Wüstensand, taub
Engelsgesang
rostiger Klang
Wein von der Rebe
Gerstensaft, klebe
bittersüß, herb
elendig derb
alles betäube
Weltraumstäube
dschingderassabum
Banane: krumm!

B R A U H Ä U S E R (2015)

Wer im Dunkeln gut munkelt,
der dunkelt im Unkelbach das Licht manchmal ab.
Wer hell erleuchtet das Hellers der heuchelt,
er möge das Licht,
obwohl er mag's nicht.
Wer das Dunkel erleuchtet,
im Unkelbach leuchtet,
im Hellers gut munkelt,
der unkt vielleicht nicht.
Wer das Hellers verdunkelt,
das Unkelbach feuert,
der meutert auch alles und versteht doch nichts!

SEHNSUCHT (2016)

Geruch vom Grill
Vogelgezwitscher
lachende Menschen
einsames Herz: still.

Dämmerung
grau ziehende Wolken
Schwermut im Anflug
doch immer: Hoffnung.

Wohlige Wärme
Kerzenschein
schönes neues Lied
Erlösung: noch fern.

METT (2016)

Wenn ein Metthappen
mit Wet Hair Gel sich stylt
dann der Fleischlappen
als Mettigel verweilt!

Generell ist Mett nett
nur nicht im Bett
da ist Mett fett
gar nicht adrett!

BELIZE (2017)

Sonne, Palmen, Gedanken an dich,
Salz auf der Haut
und Wind im Gesicht,
Gewissheit im Herzen:
du denkst auch an mich.
Verlagen und Sehnsucht,
Entspannung und Glück,
sind meine Gefühle,
vom Alltag entrückt.

HOCHZEIT (2020)

Zu eurem Hochzeitsfeste
wünschen wir euch Glück
und nur das Allerbeste
ein liebevoller Blick zurück
und Träume fürs morgen
auf der Straße des Lebens
gemeinsam geborgen
ist kein Tag vergebens.
Die Blume am Wegesrand
soll euch ins Auge fallen
so schaut sie an gebannt
und findet dran Gefallen.

LIEBE (2020)

Liebe – aus tiefem Herzen empfunden
Glück – mit dir für immer gefunden
Vertrauen – in ehrlicher Treue verbunden
Feuer – in leidenschaftlichen Stunden
Erde – gemeinsam im Gleichschritt umrunden
Wasser – mit bunten Fischen erkunden
Luft – lässt alle Wunden gesunden
Ehe – mit dir die weltbesten Stunden